Editionen f
Herausgeb

Materialien

Heinar Kipphardt

›In der Sache J.Robert Oppenheimer‹

Ausgewählt und eingeleitet
von Lotte Bartelheimer
und Maximilian Nutz

Ernst Klett Stuttgart

[…] Vom Herausgeber vorgenommene Kürzungen.
[ ] Vom Herausgeber eingesetzte Titel und Ergänzungen.
* Vom Herausgeber eingesetzte Fußnoten.

1. Auflage   1 5 4 3 2 1 | 1985 84 83 82 81

Alle Drucke dieser Auflage können im Unterricht nebeneinander benutzt werden. Die letzte Zahl bezeichnet das Jahr dieses Druckes.
© Ernst Klett, Stuttgart 1981. Nach dem Urheberrechtsgesetz vom 9. September 1965 i. d. F. vom 10. November 1972 ist die Vervielfältigung oder Übertragung urheberrechtlich geschützter Werke, also auch der Texte dieses Materialienteils, nicht gestattet. Dieses Verbot erstreckt sich auch auf die Vervielfältigung für Zwecke der Unterrichtsgestaltung – mit Ausnahme der in den §§ 53, 54 URG ausdrücklich genannten Sonderfälle –, wenn nicht die Einwilligung des Verlages vorher eingeholt wurde. Im Einzelfall muß über die Zahlung einer Gebühr für die Nutzung fremden geistigen Eigentums entschieden werden. Als Vervielfältigungen gelten alle Verfahren einschließlich der Fotokopie, der Übertragung auf Matrizen, der Speicherung auf Bändern, Platten, Transparenten oder anderen Medien.
Umschlag: Zembsch' Werkstatt, München.
Fotosatz: Setzerei Lihs, Ludwigsburg.
Druck: Ludwig Auer, Donauwörth.
ISBN 3-12-357200-5

Inhaltsverzeichnis

Einleitung

Zu Beginn der 60er Jahre entstand in der Bundesrepublik das sogenannte Dokumentartheater. Eines der ersten und erfolgreichsten Stücke dieses Genres ist Heinar Kipphardts ›In der Sache J. Robert Oppenheimer‹.

Das Verfahren, die objektive Realität in der Gestalt von »Dokumenten« auf die Bühne zu zitieren, wurde von Anfang an von verschiedenen Seiten kritisiert. Die Betroffenen, im Stück Kipphardts der Atomphysiker Oppenheimer, meldeten sich zu Wort und protestierten gegen die Verfälschungen, welche die »Wirklichkeit« durch die Arbeit des Schriftstellers erfahren habe. Literaturkritiker warnten vor der »Illusion des Authentischen«[1], der Vorstellung, mit den Dokumenten schon die Realität vorzeigbar im Griff zu haben, während es sich doch nur um eine andere Form des »Illusionstheaters« (Walser) handle. Man fragte, ob die Bindung an die Dokumente dem Autor nicht gerade die Möglichkeit nehme, die hinter den Fakten wirkenden Faktoren und Zusammenhänge exemplarisch sichtbar zu machen, Ursachen zu rekonstruieren und Perspektiven aufzuzeigen. Und man bezweifelte, ob das dokumentarische Theater den institutionellen Rahmen des »Theatertheaters« (Handke) zu sprengen und politisch verändernd zu wirken vermag: »Solange gespielt wird, wird nicht geschossen.«[2]

Eine Auseinandersetzung mit Kipphardts ›Oppenheimer‹ führt in die damit angedeuteten Probleme des Dokumentartheaters hinein, wofür dieses Heft Materialien bereitstellt. Er gibt einen Einblick in Dokumente aus dem umfangreichen Material zum historischen Fall Oppenheimer; aus Gründen des Umfangs wurde auf Texte zum historisch-gesellschaftlichen Hintergrund des Verfahrens

---

(1) H. Rischbieter: Auferstehungsengel der Geschichte? In: Theater heute, Heft 12, 1965, S. 11.
(2) J. Kaiser: Solange gespielt wird, wird nicht geschossen. In: Theater heute, Heft 12, 1968, S. 27 ff.

und zur Reaktion der Öffentlichkeit auf das Verfahren gegen den Atomphysiker verzichtet. Ebensowenig konnte Kipphardts Stück im Gesamtkomplex literarischer Auseinandersetzung mit dem »Sündenfall der Naturwissenschaften« (U. Jenny) dokumentiert werden; hier bietet sich vor 5 allem der Vergleich mit Brechts ›Galilei‹ und Dürrenmatts ›Physikern‹ an. Die Äußerungen von Einstein und v. Weizsäcker können nur als Einstieg in die vielschichtige Diskussion über das Thema der politisch-gesellschaftlichen Verantwortung des Wissenschaftlers dienen. Daß das nicht nur 10 ein »moralisches« Problem des Handelns von Individuen ist, sondern im Zusammenhang der gesellschaftlichen »Verwertung« von Wissenschaft zu sehen ist, hat bereits Brecht in seinen Anmerkungen zum ›Galilei‹ klar ausgesprochen.[3] 15

Die Thematisierung der authentischen »Wahrheit« des Stücks, wie sie in der Kontroverse zwischen Oppenheimer und Kipphardt und in den Rezensionen Reich-Ranickis und Kiaulehns sichtbar wird, läßt das Dilemma erkennen, künstlerisch-politische Intentionen und Wahrheitsansprü- 20 che zu vermitteln.

Auszüge aus der Bearbeitung des dokumentarischen Materials durch den französischen Regisseur Jean Vilar[4] nach Oppenheimers Protest sowie Texte zur Kontroverse, die sich darauf zwischen Kipphardt und Vilar ergab, wurden 25 hier nicht aufgenommen; sie könnten der Diskussion über das Verhältnis von Kunst und Dokument neue Impulse geben, hat doch der Erfolg von Vilars »entliterarisierter« Fassung gezeigt, »daß es auch eine Theaterwirksamkeit der strikteren Authentizität gibt«.[5] 30

Den Erfolg zu dokumentieren, den Kipphardts Stück auf dem Theater hatte – es wurde allein in der Spielzeit 1964/65

(3) B. Brecht: Anmerkungen zu ›Leben des Galilei‹. In: Ders.: Gesammelte Werke, Bd. 17. Frankfurt a. M. 1967, S. 1103 ff.
(4) J. Vilar: Le Dossier Oppenheimer. Texte de J. Vilar. D'après le montage scénique d'Heinar Kipphardt et les minutes de la commission de sécurité de l'énergie atomique qui ont été publiées par le département d'Etat des Etats-Unis d'Amérique. Genève 1965.
(5) H. Rischbieter: In der Sache Vilar. In: Theater heute 6, 1965, Heft 3, S. 41.

auf 27 Bühnen inszeniert – und den es nach dem Ende der »dokumentarischen Welle« weiterhin hat, hätte den Umfang des Heftes gesprengt. Daß sich dieser Erfolg auch aus der Dramatik des Stoffes selbst ergab, wird an Jennys
5 Besprechung der Fernsehfassung deutlich; er ist aber auch das Resultat einer gelungenen literarischen Gestaltung des Materials durch Techniken der »Verdichtung, Montage und Profilierung« (Charbon). Die kritischen Einschätzungen des Stücks durch Schumacher und Blumer geben
10 Anstoß für die Diskussion der Frage, ob es Kipphardt gelungen ist, mit diesen Mitteln die politisch-gesellschaftlichen Zusammenhänge sichtbar zu machen, die dem historischen ›Fall Oppenheimer‹ exemplarische Bedeutung verleihen, und ob das Stück jene »Perspektive« vermittelt,
15 durch die es erst »politisches« Theater wird.

I. Der Fall Oppenheimer

1. Atomenergiekommission (AEC), Generalmajor K. D. Nichols: An Dr. Oppenheimer

23. Dezember 1953   5

Sehr geehrter Herr Dr. Oppenheimer,
nach Abschnitt 10 des Atomenergiegesetzes von 1946 trägt
die Atomenergiekommission die Verantwortung dafür,
daß sichergestellt ist, daß Personen nur dann von der
Kommission angestellt werden, wenn dieses Beschäfti-   10
gungsverhältnis die äußere und innere Sicherheit unseres
Landes nicht gefährdet. Darüber hinaus ist laut Ausführungsbestimmung 10450 vom 27. April 1953 die Entlassung
einer Person geboten, wenn Informationen vorliegen, die
darauf hindeuten, daß die Beschäftigung dieser Person   15
möglicherweise nicht völlig im Einklang mit den nationalen
Sicherheitsinteressen ist.
Weitere Nachforschungen über Ihre Person, Ihre Verbindungen und Ihr politisches Engagement und die Durchsicht
Ihrer Sicherheitsakte nach Maßgabe der Kriterien des   20
Atomenergiegesetzes und der Ausführungsbestimmung
10450 haben erhebliche Zweifel entstehen lassen, ob eine
Fortsetzung Ihrer Tätigkeit bei der Atomenergiekommission nicht die äußere und innere Sicherheit unseres Landes
gefährdet und ob Ihre weitere Tätigkeit eindeutig im   25
Einklang mit den nationalen Sicherheitsinteressen steht.
Dieser Brief soll Ihnen die Schritte aufzeigen, die Sie
unternehmen können, um mitzuhelfen, diese Zweifel aus-
zuräumen. Im wesentlichen handelt es sich um folgende
Erkenntnisse, die Zweifel an Ihrer Eignung für eine   30
Tätigkeit bei der Atomenergiekommission entstehen lassen: [. . .; vgl. ›Anschuldigungen und Erwiderungen‹,
Text I, 3].

Ausschnitt. Übersetzung als Originalbeitrag von J. und K. Wein-
zierl.   35

2. Robert Oppenheimer: Erwiderung

Princeton, New York, 4. März 1954

Sehr geehrter Herr General Nichols,
dies ist eine Antwort auf Ihr Schreiben vom 23. Dezember
5 1953, in dem Sie Zweifel anmelden, ob die Fortsetzung
meiner Beratertätigkeit bei der Atomenergiekommission
»nicht die äußere und innere Sicherheit gefährdet und ob
die Fortsetzung meiner Tätigkeit eindeutig in Einklang mit
den nationalen Sicherheitsinteressen steht«.

10 Obwohl ich selbstverständlich kein Interesse daran hätte,
eine Beratertätigkeit auszuüben, wenn mein Rat nicht
benötigt würde, kann ich weder die von Ihnen angemelde-
ten Zweifel ignorieren noch die Unterstellung akzeptieren,
daß ich für ein öffentliches Amt ungeeignet sei.

15 Die Einzelheiten der sogenannten »belastenden Erkenntnisse«, wie sie in Ihrem Schreiben dargelegt sind, können
nur im Gesamtzusammenhang meines bisherigen Lebens
und meiner Arbeit angemessen gewürdigt werden. Meine
Antwort ist abgefaßt in der Form einer zusammenfassen-
20 den Darstellung der in diesem Zusammenhang wichtigen
Einzelheiten meines Lebens in mehr oder weniger chrono-
logischer Reihenfolge, wobei ich zu den betreffenden
Punkten in Ihrem Schreiben Stellung nehmen werde. Mit
diesem Antwortschreiben und mit den Anhörungsverfah-
25 ren vor dem Sicherheitsausschuß, die ich hiermit ausdrücklich beantrage, hoffe ich, eine hinreichend geeignete
Grundlage zu schaffen, auf der die in Ihrem Schreiben
aufgeworfenen Zweifel ausgeräumt werden können. [...]
Für die Abfassung dieses Schreibens bin ich zwei Jahr-
30 zehnte meines Lebens noch einmal durchgegangen. Ich
habe mir Vorgänge ins Gedächtnis zurückgerufen, in
denen ich unklug handelte. Meine Hoffnung ist bisher nie
gewesen, daß ich jeglichen Irrtum völlig ausschließen
könnte, sondern daß ich daraus lernen könnte. Was ich
35 gelernt habe, hat mich, so meine ich, noch mehr dazu
befähigt, meinem Land zu dienen.

Ausschnitte. Übersetzung als Originalbeitrag von J. u. K. Weinzierl.

3. Anschuldigungen und Erwiderungen (Zusammenfassung)

(18. April 1954)

Die eine Kategorie von Anschuldigungen gegen Dr. Oppenheimer war zum größten Teil längst bekannt und war 1942 und erneut 1947 gegen ihn vorgebracht worden. Beide Male fiel seine Erwiderung zur Zufriedenheit der Sicherheitsbehörden aus. Nachfolgend sind die wesentlichen Anschuldigungen und seine Erwiderung darauf dargestellt:

Die Anschuldigung: »Es wurde berichtet, daß Sie in Verbindung mit Mitgliedern und Funktionären der Kommunistischen Partei stehen [..., daß] verschiedene Funktionäre der Kommunistischen Partei [...] den Berichten zufolge Erklärungen abgegeben haben, die darauf hindeuten, daß Sie damals (1942–1945) Mitglied der Kommunistischen Partei waren [...], daß Sie in der Zeit von 1942 bis 1945 die Verantwortung trugen für die Einstellung von [...] Mitgliedern der Kommunistischen Partei [...] für die Arbeit am Atombombenprojekt.«

Die Erwiderung: »Wegen dieser Verbindungen, die ich beschrieben habe, [...] kann sehr wohl der Eindruck entstanden sein, daß ich damals der Kommunistischen Partei ziemlich nahestand [...]. Aber ich war niemals Mitglied der Kommunistischen Partei. Ich akzeptierte nie die kommunistische Ideologie. [...] Ich war in keiner Weise verantwortlich für die Einstellung irgendwelcher Personen (im Strahlenforschungslaboratorium in Berkeley).«

Die zweite Kategorie von Anschuldigungen war neu und ging zurück auf seinen Widerstand gegen den Bau der Wasserstoffbombe im Jahr 1949. Es wurde die Schlußfolgerung gezogen, daß sein Widerstand in Verbindung mit seinen früheren Kontakten ihn zu einem Sicherheitsrisiko machte. Das Kernstück der Anschuldigung und der Erwiderung war:

Die Anschuldigung: »Es wurde berichtet, daß Sie 1945 die Äußerung machten, daß ›es eine begründete Möglichkeit

9

gebe, sie (die Wasserstoffbombe) herzustellen‹, [... und]
im Herbst 1949 erklärte der Oberste Beratungsausschuß,
daß ›ein gemeinsamer Einsatz aller Kräfte und des Erfin-
dungsgeistes [...] die einmalige Chance bietet, die Waffe
5 innerhalb von fünf Jahren herzustellen‹, [... aber] Sie
lehnten die Entwicklung heftig ab [...] aus moralischen
Gründen, [...] sie sei politisch nicht erstrebenswert, [...]
und selbst als beschlossen war, die Entwicklung im Interesse amerikanischer Politik voranzutreiben, [...] setzten
10 Sie Ihren Widerstand fort.«

Die Erwiderung: »[...] der Oberste Beratungsausschuß
erklärte einmütig seinen Widerstand gegen [...] ein über-
stürztes Entwicklungsprogramm [...] dieser Widerstand
gründete auf der Überzeugung, zu der sowohl technische
15 als auch andere Überlegungen beitrugen, daß angesichts
unserer damaligen Gesamtsituation ein solches Entwicklungsprogramm die Position der Vereinigten Staaten eher
schwächen als stärken könnte [...]. Das ist die vollständige
Geschichte meines ›Widerstandes‹ [...], den ich endgültig
20 aufgab, als [...] der Präsident seine Entscheidung verkün-
dete, daß das Entwicklungsprogramm weitergeführt
werde.«

New York Times, 18. 4. 1954, S. 1f. Ausschnitte. Übersetzung als
Originalbeitrag von J. und K. Weinzierl.

25 ## 4. Auszug aus der Anhörung vor dem Sicherheitsausschuß der AEC

(16. 4. 1954)
[...]

ROBB: Doktor, in Ihrer Arbeit und in Ihren Diskussionen
30 im Jahre 1942, in Ihrer Arbeit an der thermonuklearen
Waffe in Los Alamos in den Jahren 1943 bis 1945 und bei
Ihrem Antrag auf die Erteilung eines Patentes im Jahre
1944 und bei Ihrem Rat, den Sie als Vorsitzender des
Beratungskomitees der Atomenergiekommission gaben,
35 die Arbeit an der thermonuklearen Waffe voranzutreiben,

zu all diesen Zeiten und bei all diesen Gelegenheiten, litten Sie da an moralischen Skrupeln, oder wurden Sie durch moralische Bedenken von der Entwicklung dieser Waffe abgeschreckt?

OPPENHEIMER: Gewiß. 5

ROBB: Aber Sie blieben doch noch an der Arbeit, nicht wahr?

OPPENHEIMER: Ja, weil dies eine Forschungsarbeit war. Es war nicht die Vorbereitung einer Waffe.

ROBB: Sie meinen, daß es nur eben eine akademische 10 Exkursion war?

OPPENHEIMER: Es war ein Versuch, herauszufinden, was man machen könnte.

ROBB: Aber Sie gaben doch Millionen Dollar vom Geld des Steuerzahlers aus, nicht wahr? 15

OPPENHEIMER: Das ist ja immer so.

ROBB: Gaben Sie Millionen, wenn nicht Milliarden Dollar vom Geld des Steuerzahlers aus, um Ihre eigene Neugier zu befriedigen, um zu sehen, was eigentlich los war?

OPPENHEIMER: Solche Summen haben wir nie ausge- 20 geben.

ROBB: Schlugen Sie vor, solche Summen für eine rein akademische Exkursion auszugeben?

OPPENHEIMER: Nein. Es ist keine akademische Frage, ob man eine Wasserstoffbombe machen kann, es ist eine 25 Sache auf Leben und Tod.

ROBB: Angefangen im Jahre 1942 und fortlaufend bis zum ersten Treffen des Beratungskomitees (1947) haben Sie aktiv und bewußt die Entwicklung der thermonuklearen Bombe vorangetrieben, nicht wahr? Ist das nicht Ihre 30 Aussage?

OPPENHEIMER: Vorangetrieben ist nicht das richtige Wort. Unterstützt und daran gearbeitet, ja.

ROBB: Ja. Wann wurden diese moralischen Zweifel so stark, daß Sie sich der Entwicklung der thermonuklearen 35 Waffe widersetzten?

OPPENHEIMER: Als vorgeschlagen wurde, daß die Politik der Vereinigten Staaten sein müsse, diese Dinger *um jeden Preis ohne Rücksicht auf das Gleichgewicht zwischen diesen*

Waffen und den Atomwaffen als Teil unseres Rüstungsarsenals herzustellen.

ROBB: Was hatten moralische Zweifel damit zu tun?

OPPENHEIMER: Was moralische Zweifel damit zu tun
5 hatten?

ROBB: Ja.

OPPENHEIMER: Wir benutzten die Atombombe ohne Einschränkung.

ROBB: Aber, Doktor, Sie sagten doch aus, nicht wahr,
10 daß Sie mithalfen, das Ziel für den Abwurf der Bombe auf Japan auszusuchen?

OPPENHEIMER: Richtig.

ROBB: Sie wußten doch, nicht wahr, daß der Abwurf dieser Atombombe auf das Ziel, das Sie ausgesucht hatten,
15 Tausende von Zivilisten verletzen oder töten würde, nicht wahr?

OPPENHEIMER: Nicht so viele, wie sich herausstellte.

ROBB: Wie viele wurden getötet oder verletzt?

OPPENHEIMER: 70000.

20 ROBB: Hatten Sie deswegen moralische Skrupel?

OPPENHEIMER: Fürchterliche.

ROBB: Aber Sie sagten doch neulich aus, nicht wahr, daß die Bombardierung von Hiroshima sehr erfolgreich war?

OPPENHEIMER: Ja, sie war technisch erfolgreich.

25 ROBB: O technisch.

OPPENHEIMER: Man hat ihr auch zugeschrieben, daß sie geholfen hätte, den Krieg zu beenden.

ROBB: Hätten Sie den Abwurf einer thermonuklearen Bombe auf Hiroshima unterstützt?

30 OPPENHEIMER: Das hätte keinen Sinn gehabt.

ROBB: Warum?

OPPENHEIMER: Das Ziel ist zu klein.

ROBB: Das Ziel ist zu klein. Nehmen wir an, es hätte in Japan ein Ziel gegeben, das groß genug war für eine
35 thermonukleare Waffe, hätten Sie sich dem Abwurf widersetzt?

OPPENHEIMER: Dies war kein Problem, mit dem ich konfrontiert war.

ROBB: Aber ich konfrontiere Sie jetzt damit.

OPPENHEIMER: Sie konfrontieren mich nicht mit einem wirklichen Problem. Ich war sehr erleichtert, als Mr. Simson (die Tempelstadt) Kyoto von der Zielliste strich. Das war die größte Stadt und das verwundbarste Ziel. Ich glaube, dies ist noch die Sache, die Ihrer hypothetischen Frage am nächsten kommt.

ROBB: Das stimmt. Hätten Sie sich dem Abwurf einer thermonuklearen Waffe auf Japan aus moralischen Skrupeln widersetzt?

OPPENHEIMER: Ich glaube, das hätte ich.

ROBB: Widersetzten Sie sich dem Abwurf einer Atombombe auf Hiroshima aus moralischen Skrupeln?

OPPENHEIMER: Wir äußerten . . .

ROBB: Ich frage, was *Sie* taten, nicht »wir«.

OPPENHEIMER: Ich gab meinen Ängsten Ausdruck und äußerte Gründe, die dagegen sprachen.

ROBB: Sie meinen, Sie argumentierten gegen den Abwurf der Bombe?

OPPENHEIMER: Ich brachte Gründe vor, die gegen den Abwurf sprachen.

ROBB: Gegen den Abwurf der Atombombe?

OPPENHEIMER: Ja, aber ich unterstützte diese Argumente nicht ausdrücklich.

ROBB: Sie meinen, daß Sie – nachdem Sie, wie Sie es selbst ganz ausgezeichnet gesagt haben, Tag und Nacht drei oder vier Jahre lang an der Fertigstellung der Atombombe gearbeitet hatten – das Argument vorbrachten, sie solle nicht verwendet werden?

OPPENHEIMER: Nein, ich trat nicht dafür ein, daß sie nicht verwendet werden solle. Ich wurde vom Kriegsminister gefragt, was die Ansichten der Wissenschaftler seien. Ich gab ihm Argumente, die dagegen, und solche, die dafür sprachen.

ROBB: Aber Sie sind doch für den Abwurf der Bombe auf Japan eingetreten?

OPPENHEIMER: Was verstehen Sie unter »eintreten«?

ROBB: Sie halfen das Ziel aussuchen, nicht wahr?

OPPENHEIMER: Ich tat nur meine Arbeit, die Arbeit, die ich tun sollte. Ich war in Los Alamos nicht in einer

Position, in der ich politische Entscheidungen zu treffen hatte. Ich hätte alles gemacht, was man von mir verlangt hätte, einschließlich Bomben der verschiedenen Arten, wenn ich sie für technisch herstellbar gehalten hätte.

5 ROBB: Sie würden also auch eine thermonukleare Bombe hergestellt haben, nicht wahr?

OPPENHEIMER: Ich konnte es (damals) nicht.

ROBB: Danach habe ich Sie nicht gefragt, Doktor.

OPPENHEIMER: Ich hätte daran gearbeitet.

10 ROBB: Wenn Sie nun die thermonukleare Bombe in Los Alamos hätten entdecken können, dann hätten Sie das getan, nicht wahr?

OPPENHEIMER: O ja.

[...]

15 *United States Atomic Energy Commission – In the Matter of J. Robert Oppenheimer. Transcript of Hearings Before Personnel Security Board. Washington D.C., April 12, 1954 through May 6, 1954. Übersetzung in: Der Spiegel, 19. 6. 1957, S. 44f. unter dem Titel ›Hätten Sie die H-Bombe geworfen, Doktor?‹ Ausschnitt.*
20 *Übersetzung überprüft.*

5. Carl Friedrich von Weizsäcker: Die Verantwortung der Wissenschaft im Atomzeitalter

(1957)

25 [...] Die persönliche Verantwortung des Naturwissen-schaftlers entspricht der praktischen Bedeutung seines Fachs. Ich möchte einen Vergleich gebrauchen. Jeder Naturwissenschaftler lernt die Sorgfalt beim Experimentie-ren, ohne die seine Wissenschaft in Geflunker ausarten
30 würde. Ich glaube, solange uns die Sorgfalt bei der Prüfung der Rückwirkungen unserer Erfindungen auf das mensch-liche Leben nicht ebenso selbstverständlich ist wie die Sorgfalt beim Experimentieren, sind wir zum Leben im technischen Zeitalter nicht reif. Man hat an einen hippo-
35 kratischen Eid für Naturwissenschaftler und Techniker

gedacht. [...] Es wird nicht leicht sein, eine solche
Verpflichtung hinreichend konkret zu formulieren, aber sie
wird sich wohl als nötig erweisen. Ich glaube im übrigen,
daß eine solche Verpflichtung zunächst nicht von oben
auferlegt werden kann, sondern durch freiwilligen Ent-   5
schluß Weniger beginnen muß.
Ein Hauptproblem für den Naturwissenschaftler und Techniker, der verantwortlich handeln will, ist seine Verfloch-
tenheit in gesellschaftliche, in wirtschaftliche und politische
Zusammenhänge. Er will wohl Leben fördern und nicht   10
gefährden; aber erlaubt es ihm die Struktur der Welt, in
der er lebt? [...]

*Carl Friedrich von Weizsäcker: Die Verantwortung der Wissen-
schaft im Atomzeitalter. Vandenhoeck & Ruprecht, Göttingen
⁶1978, S. 15 f. Ausschnitt.*   15

6. Albert Einstein: Eine Botschaft an die italienischen Atomforscher

(1950)
Sollen wir die Erkenntnis der Wahrheit oder – bescheide-
ner ausgedrückt – das Begreifen der erfahrbaren Welt   20
durch konstruktives Denken als ein selbständiges Ziel
unseres Strebens wählen? Oder soll dies Streben nach
vernünftiger Erkenntnis irgendwelcher Sorte von andersar-
tigen, z. B. »praktischen« Zielen untergeordnet werden?
Das bloße Denken hat keine Mittel, diese Frage zu   25
entscheiden. Die Entscheidung hat aber erheblichen Ein-
fluß auf unser Denken und Werten, vorausgesetzt, daß sie
den Charakter unerschütterlicher Überzeugung hat. Lassen Sie mich also bekennen: Für mich ist das Streben nach
Erkenntnis eines von denjenigen selbstverständlichen Zie-   30
len, ohne welche für den denkenden Menschen eine
bewußte Bejahung des Daseins nicht möglich erscheint.
Wie steht nun der wissenschaftliche Mensch von heute im
sozialen Körper der Menschheit? Er ist wohl irgendwie
stolz darauf, daß die Arbeit von seinesgleichen, wenn auch 35

zumeist indirekt, das wirtschaftliche Leben der Menschen durch die nahezu totale Eliminierung der Muskelarbeit total umgestaltet hat. Er ist auch wohl bedrückt darüber, daß seine Forschungsergebnisse eine akute Bedrohung der
5 Menschheit mit sich gebracht haben, nachdem die Früchte dieser Forschung in die Hände seelenblinder Träger der politischen Gewalt gefallen sind. Er ist sich des Umstandes bewußt, daß die auf seinen Forschungen fußenden technischen Methoden zu einer Konzentration der wirtschaftli-
10 chen und damit auch der politischen Macht in die Hände kleiner Minoritäten geführt haben, von deren Manipulationen das Schicksal des immer noch amorph erscheinenden Haufens der Individuen völlig abhängig geworden ist. Noch mehr: Jene Konzentration der wirtschaftlichen und politi-
15 schen Macht in wenigen Händen hat nicht nur eine äußere materielle Abhängigkeit auch des wissenschaftlichen Menschen mit sich gebracht; sie bedroht auch seine Existenz von innen, indem sie durch die Schaffung raffinierter Mittel geistiger und seelischer Beeinflussung den Nachwuchs
20 unabhängiger Persönlichkeiten unterbindet.
So sehen wir an dem wissenschaftlichen Menschen ein wahrhaft tragisches Schicksal sich vollziehen. Getragen von dem Streben nach Klarheit und innerer Unabhängigkeit, hat er durch seine schier übermenschlichen Anstrengungen
25 die Mittel zu seiner äußeren Versklavung und seiner Vernichtung von innen her geschaffen. Von den Trägern der politischen Macht muß er sich einen Maulkorb umhängen lassen. Er wird gezwungen, als Soldat sein eigenes Leben zu opfern und fremdes Leben zu zerstören, auch
30 wenn er von der Sinnlosigkeit seines Opfers überzeugt ist. Er sieht zwar mit aller Klarheit, daß der historisch bedingte Umstand, daß die Nationalstaaten die Träger der wirtschaftlichen, politischen und damit auch der militärischen Macht sind, zur Vernichtung aller führen muß. Er weiß,
35 daß nur die Ablösung der Methoden der nackten Gewalt durch eine übernationale Rechtsordnung die Menschen retten kann. Aber es ist schon so weit damit gekommen, daß er die von den Nationalstaaten über ihn verhängte Sklaverei als unabwendbares Schicksal hinnimmt. Er

erniedrigt sich sogar so weit, daß er auf Befehl die Mittel für die allgemeine Vernichtung der Menschen vervollkommnen hilft.

Muß der wissenschaftliche Mensch wirklich alle diese Erniedrigungen über sich ergehen lassen? 5

Ist die Zeit vorbei, in der seine innere Freiheit und die Selbständigkeit seines Denkens und Forschens das Leben der Menschen hat erhellen und bereichern dürfen? Hat er nicht in einem nur aufs Intellektuelle eingestellten Streben seine Verantwortlichkeit und Würde vergessen? Einen 10 innerlich freien und gewissenhaften Menschen kann man zwar vernichten, aber nicht zum Sklaven oder zum blinden Werkzeug machen.

Wenn der wissenschaftliche Mensch unserer Tage Zeit und Mut fände, seine Situation und seine Aufgabe ruhig und 15 kritisch zu erwägen und entsprechend zu handeln, so würden die Aussichten auf eine vernünftige und befriedigende Lösung der gegenwärtigen gefahrvollen internationalen Situation wesentlich verbessert werden.

Zitiert nach: Charles Noël Martin: Hat die Stunde X geschlagen? 20
Die wissenschaftlichen Tatsachen über die Wirkung der Wasserstoffbombe. S. Fischer Verlag, Frankfurt a. M. 1955, S. 8–10.

II. Das Verhältnis des Stücks zu den Dokumenten

1. »Schreiben, um sich in die verdrängten Fragen zu verwickeln«. Ein Gespräch zwischen H. Kipphardt und A. Halstenberg

(1977)

HALSTENBERG: Neben Rolf Hochhuth und Peter Weiss wurden Sie zum bekanntesten Autor des deutschen Dokumentartheaters. 1964 inszenierte Erwin Piscator Ihr berühmtes Stück ›In der Sache J. Robert Oppenheimer‹, Ihr erstes Dokumentarstück: keine fabulierte Geschichte mehr, sondern Tatsachen und Dokumente. Warum? Hatten Sie kein Vertrauen mehr in die fingierte, erfundene Wahrheit?

KIPPHARDT: Ich meine, jede Zeit bringt neue Fragen ans Licht, die behandelt werden müssen. Aber sie bringt auch das Handwerkszeug hervor, mit dem man diese Fragen behandeln kann. Es ist nicht zu bestreiten, daß unsere Informationsweisen anders sind als die unserer Väter und Großväter. Nehmen Sie nur mal das Fernsehen. Oberflächlich nehmen wir heute an fernöstlichen Kriegen teil, am Vietnamkrieg, wir nehmen an Erschießungen teil. Dieses Bewußtsein, diese genaue Foto-Information kann ich bei bedeutenden Vorgängen beim Zuschauer voraussetzen. Ich kann infolgedessen den Krieg, wenn ich ihn z. B. auf der Bühne beschreiben möchte, den kann ich nicht so beschreiben wie der Shakespeare. Ich will sagen, an oberflächlichen Informationen fehlt es uns nicht, und dennoch sind die Leute in unserer Zeit möglicherweise – was die Ursächlichkeit angeht – schlechter informiert als unsere Großväter. Sie haben gar keinen Apparat, ihre Oberflächeninformation zu sortieren, und – man muß dazusagen: Die jeweiligen Herrschenden sind äußerst interessiert daran, daß sie auf Ursächlichkeiten nicht stoßen. Es kommt also darauf an, Formen zu finden, die unsere

Informationsweisen berücksichtigen, aber darüber hinaus zu Kausalitäten vorstoßen, ohne die fragende Haltung aufzugeben und ohne dem anderen etwas zu oktroyieren.

HALSTENBERG: Aber oktroyiert nicht gerade das Dokument, weil es eben überprüfbar, kontrollierbar, belegbar 5 ist? Erdrückt das nicht den Zuschauer und seine möglichen Fragen?

KIPPHARDT: Das ist eine Frage der Machart. Es gibt im Umgang mit Dokumenten soviel subjektive Temperamente wie in anderen Kunstgattungen auch. Meine Tech- 10 nik war immer, den Leser oder den Zuschauer mit einzubeziehen in den Prozeß, der in mir abläuft, denn ich wollte ihn immer relativ frei haben. Einen Zuschauer und Leser, der fragt: Wie kommt das zu dem, der sagt das, der das, wieso? Also, wenn mir gelingen würde, Leser und 15 Zuschauer ein bißchen in meine Fragen zu verwickeln, einen Prozeß in ihm anzustiften, bin ich zufrieden. Was Oppenheimer betrifft, so schien mir die Methode des dokumentarischen Belegs die richtige zu sein, weil soviel Ideologie, soviel falsches Bewußtsein, so viele Vorurteile, 20 Ängste, Verdrängungen im Spiele sind. Deshalb arbeitete ich mit Materialien, die für den Zuschauer unabweisbar sind. Er konnte das Gefühl haben: Der das schreibt, dem darf ich trauen, der lädt mich ein zur Überprüfung, der kann das belegen. Diesen Belegcharakter, diese Würde des 25 Dokumentes wollte ich herstellen.

HALSTENBERG: Das Material für das Stück lieferten die 3000 Protokollseiten aus dem Hearing gegen Oppenheimer zur Zeit McCarthys in den USA. Warum haben Sie aus diesem Material keine szenische Lesung gemacht, sondern 30 ein Stück, und was macht das Material zu einem Stück?

KIPPHARDT: Ich glaube nicht, daß die Qualität eines Theaterstücks aus den Schaueffekten kommen muß, ein Stück, das kann auch eine große Strenge haben.

HALSTENBERG: Ist es vielleicht sogar schwieriger, aus 3000 35 Protokollseiten ein Stück zu schreiben, zu montieren, als eine Fabel, eine Gechichte, eine Story zu erfinden?

KIPPHARDT: Es braucht sicherlich eine viel längere Zeit und ist mühsamer, denn Sie müssen – also ich mache es

jedenfalls so – eine Zeit vorschalten, indem Sie quasi als ein Journalist mit unglaublich viel Zeit arbeiten. Sie können das auch, anspruchsvoller, »wissenschaftlich« nennen. Danach müssen Sie aber in den Stand kommen – sonst
5 würde ich den Stoff trotz großer Vorarbeiten wieder aufgeben –, wo Sie sehen, das ist in einer bestimmten sinnlichen, von mir aus subjektiven Weise zu erzählen: Ich kann mich – unter Respektierung der Fakten – im Stoff frei bewegen. Es ist ein Irrtum, anzunehmen, das Stück wäre
10 mit der Schere gemacht, ich hätte Teilchen aneinanderge-setzt. Es enthält natürlich – auf der Basis der Fakten – meine Betrachtungsweise, meine Schreibweise, meine Szenenführung, auch meine Personen. Ich stecke im Mate-rial, ich entreiße ihm die mich interessierenden Bedeu-
15 tungen.

HALSTENBERG: Anders als der Historiker und Journalist will der Dramatiker ja nicht nur von historischen Vorgän-gen berichten, sondern die Informationen hinter den Informationen anschaulich machen und für die Gegenwart
20 interpretieren. Muß er deshalb nicht notwendig sein Mate-rial manipulieren?

KIPPHARDT: Ich würde es nicht manipulieren nennen. Ich meine, er macht ja ganz klar, wie sein freier Umgang mit den Fakten ist. Ich sage ja niemandem: so und so und nicht
25 anders hat Oppenheimer gesprochen, es ist ein Theater-stück, das allerdings in den verwendeten Fakten, den beschriebenen Tatsachen genau ist und die ich auch belegen kann.

HALSTENBERG: Oppenheimer hat gegen Einzelheiten,
30 Details in Ihrem Stück protestiert. Muß alles stimmen, d. h. dokumentarisch belegbar und nachprüfbar sein, was Sie auf die Bühne bringen. Ist Authentizität ein Qualitäts-maßstab für Literatur?

KIPPHARDT: Das Authentische in der Literatur ist eine
35 höhere Sorte von Wahrheit. Das Charakteristische zu finden ist für mich eine ästhetische Kategorie. Die Würde des Authentischen in einem Text zu haben, das ist für mich erstrebenswert. In der Literatur entsteht aus dem Tatsäch-lichen eine neue Qualität. Oppenheimer war außerordent-

lich erschrocken, daß auf einmal da ein Kamel, also ich,
daherkommt und das Gras abfrißt, das über eine Sache
gewachsen schien. Viele Fragen hatte er nicht gelöst, auch
bis zu seinem Tode nicht. Er schrieb mir erst ziemlich
ärgerlich, daß die ganze Sache in Amerika wieder in Gang   5
käme, und als wir dann miteinander korrespondierten und
ich um Details bat, waren die Details, die er monierte, ganz
kleine. Eine Anzahl von Jahren später, das Stück war
mittlerweile ziemlich um die Welt gegangen, bekam ich
von ihm einen neuen Brief, in dem er mich bat, ihm doch   10
nachzusehen, daß er damals in einer Art von Überreaktion
sich etwas kleinlich verhalten habe, denn er hätte doch
gespürt, daß das Stück wichtigen Fragen nachgeht und
auch sein Verhalten verstehen will. Das war eine Art
Entschuldigungsbrief, der mag vielleicht ein halbes Jahr   15
vor seinem Tod gewesen sein. Ich selber habe Oppenheimer nie getroffen.

HALSTENBERG: Mit Oppenheimer personalisieren Sie
noch einmal den alten Bühnenkonflikt zwischen Pflicht und
Moral. Ist das ein dramaturgischer Trick? Oder steckt   20
dahinter tatsächlich die Hoffnung, daß die Weigerung
Oppenheimers, an der ferneren Kriegsarbeit teilzuneh-
men, Wirkung haben könnte?

KIPPHARDT: Ich bin überzeugt, daß diese Entscheidung
keine Reinigung der Menschheit bewirkt. Aber Sie müssen   25
es auch nicht so lesen, Sie können ja auch sagen: Der
Autor beschreibt einen Mann, der äußerst glänzend im
Anfang kämpft und denkt: Das ist ein Duell, das man hier
ausfechten muß, wieso bringt man mich vor diese Kommission, diese Dummköpfe, wieso muß ich solche Fragen   30
beantworten? Ich, das beste Gehirn, das Amerika hervorgebracht hat! Merkwürdigerweise widerfährt ihm, daß er
auf einmal hört, daß das ein Leben mit außerordentlichen
Korruptionspunkten war. Gerade die Sachen, die ihm von
der Kommission als Pluspunkte angerechnet werden, die   35
scheinen ihm in der eigenen Betrachtung fragwürdig. So
kommt es zu einer merkwürdigen Verstörung. Aber er teilt
sie mit an einem vollkommen ungeeigneten Ort: nämlich in
einer geheimen Sitzung, vor Leuten, die sich das alles mit

gewissem Verdruß nur anhören. Man kann natürlich auch fragen: Wie kommt der Mann eigentlich auf dieses hohe Roß? Nachdem er alles getan hat, der Regierung der Vereinigten Staaten in dieser heiklen, folgenschweren
5 Sache zu dienen? Weniger fragend als viele seiner Kollegen.

HALSTENBERG: Tatsächlich aber wurde die Bombe gebaut und gezündet. Beweist also Ihr Stück nicht doch die Ohnmacht des einzelnen bzw. die Unversöhnbarkeit zwi-
10 schen Moral und Politik?

KIPPHARDT: Es weist, wenn Sie so wollen, auf den tiefen Widerspruch hin zwischen der Entwicklung von Naturwissenschaft und ihrer Technologie, die erstmalig bewerkstelligt hat, daß die Bevölkerung dieser Erde frei von Mangel
15 leben könnte. Das hat das 19. Jahrhundert hervorgebracht, und das ist auch eines der großen Verdienste von Kapitalismus – Entwicklung von Wissenschaft und ihrer Technologie. Gleichzeitig aber hält unser Wissen um das Zusammenleben der Menschen, also der Gesellschaft, an Forma-
20 tionen von Feudalismus und an solchen des 19. Jahrhunderts fest. Dieser Widerspruch, der braucht eine Lösung, an der alle Menschen aufgefordert sind, zu arbeiten. Wie kann man herausfinden, wie Menschen miteinander leben können, möglichst zwanglos? Also wie könnte eine freiere,
25 befreite Gesellschaft aussehen? Denn das kann doch nicht das letztliche Ziel von Menschheitsentwicklung sein, daß alle den Zwecken von Wirtschaft als Rädchen unterworfen sind und psychisch wie mental verkrüppeln.

HALSTENBERG: Nur gilt für Oppenheimer nicht doch die
30 Einsicht der Physiker von Dürrenmatt, daß nämlich jeder Versuch eines einzelnen, das zu lösen, was alle angeht, notwendig scheitern muß?

KIPPHARDT: Kein Widerspruch.

Hörfunksendung des NDR Hamburg am 4. 9. 1977. Abgedruckt in:
35 *Heinar Kipphardt: Theaterstücke, Bd. I. Verlag Kiepenheuer & Witsch, Köln 1978, S. 339–343.*

2. Oppenheimer protestiert bei Kipphardt

Washington, 9. November 1964

Der amerikanische Atomphysiker Robert Oppenheimer
hat bei dem deutschen Bühnenschriftsteller Heinar Kipphardt gegen das Schauspiel ›In Sachen J. Robert Oppenheimer‹ protestiert. [...] »Das ganze verdammte Ding war   5
eine Farce«, wetterte Oppenheimer in einem Interview mit
der ›Washington Post‹. »Und diese Leute (Kipphardt und
die Produzenten) versuchen eine Tragödie daraus zu
machen«, beschwerte sich der Wissenschaftler.   10
»Wenn man ein Schauspiel nach einem Protokoll schreibt,
muß man unweigerlich einiges ändern. Ich habe Einspruch
gegen Improvisationen erhoben, die der Geschichte und
der Natur der betroffenen Leute widersprechen.«
Oppenheimer führte folgende Beispiele an: »Erstens ist die   15
Behauptung im Text falsch, daß Nils Bohr die Arbeit in
Los Alamos mißbilligte, weil er sich über die Beherrschung
der Wissenschaft durch das Militär Sorgen machte. Zwei-
tens stimmt es nicht – was Kipphardt in einer Fußnote auf
dem Programm behauptet –, daß mir nicht die Gelegenheit   20
zu einer Stellungnahme gegeben worden sei. Mir wurde
diese Gelegenheit gegeben.«
»Ich sagte auch nie, ich hätte meine Beteiligung am Bau
der Atombombe ... bedauert«, erklärte J. Robert Oppenheimer weiter. [...]   25

Springer Auslandsdienst. Die Welt, 10. 11. 1964. Ausschnitte.

3. Wahrheit wichtiger als Wirkung

**Heinar Kipphardt antwortet auf J. R. Oppenheimers
Vorwürfe**

(1964)   30
Ich kann das Unbehagen, in das eine historische Persönlichkeit gerät, wenn sie sich auf dem Theater dargestellt
sieht, sehr wohl nachfühlen. Es ist für den historisch
Beteiligten besonders schwer, aus dem Gestrüpp der

tausend miteinander verfilzten Details der Wirklichkeit die objektive Distanz zu gewinnen, die gebraucht wird, um den innersten Kern und Sinn einer historischen Begebenheit von den umherspielenden Zufälligkeiten zu befreien, um sie der Zeitgenossenschaft als ein bedeutendes Exempel darzustellen.

Indem der Bühnenschriftsteller den Boden der Zeitgeschichte betritt, ist sein Geschäft diese Umwandlung, auch wenn er sich, wie ich, an alle wesentlichen historischen Tatsachen gebunden sieht. Wenn wir ihm dieses Recht bestreiten würden, dann würden wir der Bühne das Recht auf die Behandlung der Zeitgeschichte bestreiten.

Es ist aber natürlich die Pflicht des Bühnenschriftstellers, das Verhältnis des Stücks zu den Dokumenten genau zu beschreiben, damit niemand irregeführt wird und jedermann die Möglichkeit erhält, an Hand der historischen Dokumente zu überprüfen, ob der Schriftsteller mit seiner Arbeit die historische Wirklichkeit getroffen hat und ob er die für seine Zeitgenossenschaft wesentlichen Bedeutungen des historischen Falls zur Darstellung bringt oder nicht.

Ich habe mir bei meiner Arbeit Beschränkungen auferlegt, alle im Stück erscheinenden Tatsachen der historischen Wirklichkeit zu entnehmen. Meine Freiheiten liegen in der Auswahl, in der Anordnung, in der Formulierung und in der Konzentration des Stoffes. Um die Form eines sowohl strengeren als auch umfassenderen Zeitdokuments zu erreichen, das mir für die Bühne wünschenswert schien, waren einige Ergänzungen und Vertiefungen erforderlich.

Ich verfuhr dabei nach dem Prinzip: sowenig wie möglich und soviel wie notwendig. Wenn die Wahrheit von einer Wirkung bedroht schien, opferte ich eher die Wirkung. Ich stützte mich bei meiner Arbeit nicht nur auf das 3000 Maschinenseiten lange Protokoll des historischen Hearings, sondern auch auf eine Fülle von anderen Dokumenten und Beschreibungen zur Sache. Die für die Bühne unvermeidlichen Abweichungen in einzelnen Details beschrieb ich nach meinem besten Wissen. Es tut mir leid, daß Dr. Oppenheimer diese Beschreibung nicht in allen Punkten befriedigend fand, und ich machte ihm in meinem Antwortbrief Vorschläge, diesen Mangel zu mindern.

Ich gehe in folgendem auf die Details ein, die Sie am 10. 11. berichteten:

Was Niels Bohr betrifft, so behaupte ich im Stück nicht, daß er die Arbeit in Los Alamos mißbilligt habe. Bohr floh vor Hitler aus Dänemark nach England und von dort nach Amerika, und er unterstützte die Arbeit in Los Alamos durch seine beratende Anwesenheit mehrfach ausdrücklich. Gleichzeitig beunruhigten ihn aber die scharfen Sicherheitsbestimmungen, und er hatte starke Befürchtungen über die Komplikationen, die sich nach dem Kriege aus dem Atombombenmonopol ergeben könnten. Deshalb wandte er sich an Roosevelt und Churchill. Die Erwähnung Bohrs ist in meinem Stück eine winzige Episode, und da ich den ganzen Zusammenhang nicht darstellen kann, den Bohr zu Los Alamos hatte, habe ich Dr. Oppenheimer in meinem Antwortbrief vorgeschlagen, diese kurze Partie zu streichen.

Wenn ich in meinen Bemerkungen zum Stück schreibe, daß Dr. Oppenheimer im wirklichen Hearing keine Gelegenheit zu einem Schlußwort erhielt, so entnehme ich das dem Protokoll der Atomenergiekommission, die ein Schlußwort oder eine Aufforderung dazu nicht verzeichnet. Als mir Dr. Oppenheimer am 12. Oktober 1964 schrieb, daß ihm eine solche Gelegenheit gegeben worden wäre, daß er sie aber nur benutzt habe, »to make a technical point«, schlug ich ihm eine Änderung meiner Beschreibung zu diesem Punkt vor. Mir war es bei der Beschreibung darauf angekommen, daß Dr. Oppenheimer das in dem Stück vorkommende Schlußwort nicht wirklich gehalten hat.

Wenn Dr. Oppenheimer sagt, daß »das ganze verdammte Ding (das Hearing) eine Farce war«, so stimme ich da mit ihm überein. Es ist aber nicht zu bestreiten, daß in dieser demütigenden Loyalitätsuntersuchung die tragischen Aspekte um die schwer lösbaren Widersprüche, in die ein heutiger Kernphysiker geraten kann, zum Vorschein kamen, und diese tragischen Konflikte und Widersprüche

25

interessieren den Schriftsteller, wenn er die Fragen seiner Zeit stellt. [...]

Es gibt in dem Stück keine Stelle, die behauptet, daß Dr. Oppenheimer seine Beteiligung am Bau der Atombombe bedauert habe. Es wird nicht bestritten, daß Los Alamos eine historisch bedeutende Unternehmung war, um die Atombombe zu entwickeln, ehe sie von Hitler entwickelt wurde. Die Physiker waren moralisch für dieses Unternehmen legitimiert, das den Zweck hatte, unsere Zivilisation vor dem Versinken in der drohenden Nazi-Barbarei zu bewahren und den von Hitler begonnenen Krieg so bald wie möglich zu beenden. [...]

Die Welt, 11. 11. 1964, S. 7. Ausschnitte.

4. Marcel Reich-Ranicki:
Namen sind nicht Schall und Rauch

**In der Sache J. Robert Oppenheimer
und Heinar Kipphardt**

(1964)

Da der italienische Physiker Galileo Galilei 1642 gestorben ist, hat er gegen das Schauspiel ›Leben des Galilei‹ des deutschen Stückeschreibers Bertolt Brecht nicht protestiert. Da jedoch der amerikanische Physiker J. Robert Oppenheimer glücklicherweise lebt, hat er natürlich gegen das Schauspiel ›In der Sache J. Robert Oppenheimer‹ des deutschen Stückeschreibers Heinar Kipphardt Einspruch erhoben.

Natürlich? Ja, ich finde den Schritt des großen Gelehrten verständlich und natürlich. Warum?

Oppenheimer wirft Kipphardt »Improvisationen« vor, »die der Geschichte und der Natur der betroffenen Leute widersprechen«. [...]

Alle in Kipphardts Stück erscheinenden Tatsachen sind zwar der historischen Wirklichkeit entnommen, aber er hat diese Wirklichkeit verändert und umgewandelt. Was sich

im Frühjahr 1954 vor der Atomenergiekommission der Vereinigten Staaten abgespielt hat, wurde von ihm konzentriert, oft anders angeordnet und oft anders formuliert. Er bemüht sich – laut eigener Aussage –, »die Worttreue durch Sinntreue zu ersetzen«. Es schienen ihm auch »einige 5 Ergänzungen und Vertiefungen erforderlich«.
Aus den drei Verteidigern Oppenheimers macht er zwei, aus den vierzig Zeugen, die damals gehört wurden, macht er sechs. Er läßt seine handelnden Personen Monologe sprechen, die er versucht, »aus der Haltung zu entwickeln, 10 die von den Personen im Hearing und bei anderer Gelegenheit eingenommen wurde«. Er läßt den Physiker Edward Teller Gedanken vorbringen, die dieser in Wirklichkeit nicht vor der Atomenergiekommission, sondern in Reden und Aufsätzen geäußert hat. Und er läßt Oppenhei- 15 mer ein Schlußwort sprechen, das von ihm nie gesprochen wurde.
Dies alles und manches andere hat Kipphardt getan, weil er – wie er ausdrücklich betont – dem Ratschlag Hegels folgen wollte, der in seiner Ästhetik dem Dramatiker empfahl, 20 den »Kern und Sinn« einer historischen Begebenheit aus den »umherspielenden Zufälligkeiten und gleichgültigem Beiwerke des Geschehens« freizulegen, »die nur relativen Umstände und Charakterzüge abzustreifen und dafür solche an die Stelle zu setzen, durch welche die Substanz der 25 Sache klar herausscheinen kann«.
Aber ein J. Robert Oppenheimer oder ein Edward Teller, von denen der Bühnenautor die »nur relativen Umstände und Charakterzüge« abgestreift hat, sind nicht mehr identisch mit den realen Gestalten. Und können es auch nicht 30 sein. Es ist daher nicht verwunderlich, daß Oppenheimer weder sich noch andere in dem Stück auftretende Persönlichkeiten wiedererkennen kann. Daß er die Änderungen als »Improvisationen« empfindet. Daß er gegen eine Bühnengestalt Einspruch erhebt, die den Namen J. Robert 35 Oppenheimer trägt und deren Äußerungen und Reaktionen mit den seinigen sehr viel gemein haben, aber doch nie ganz übereinstimmen. [...]
Man sage nicht, Namen seien Schall und Rauch. In

Werken der Literatur sind Namen immer wichtig – oder
sollten es jedenfalls sein. Gerade in diesem Stück hätte
der Verzicht auf die realen Namen zu erkennen gegeben,
daß es sich nicht um den Mann Oppenheimer, sondern
5 um den Fall Oppenheimer handelt. Günter Grass wußte,
was er tat, als er den Helden seines jetzt entstehenden
Brecht-Stückes nicht ›Bertolt Brecht‹, sondern ›der Chef‹
nannte.

Kipphardt schreibt: »Es muß doch auch nach Auschwitz
10 einem deutschen Schriftsteller erlaubt sein, Kernfragen
seiner Zeit zu behandeln.« Es ist nicht nur erlaubt, es ist im
höchsten Maße erwünscht und erforderlich. Und es scheint
mir allzu bequem und in der Regel nicht sehr wirkungsvoll,
sich gerade dieser Fragen in szenischen Allerweltsparabeln
15 anzunehmen – in Stücken also, die überall und immer
spielen. Und daher nirgends und nie.

Das Zeitstück muß, meine ich, so konkret wie möglich
sein. Man braucht es Heinar Kipphardt nicht zu sagen –
denn dies ist gerade der Weg, den er als Dramatiker geht.
20 Nur ist er in dem Schauspiel ›In der Sache J. Robert
Oppenheimer‹ auf diesem Weg vielleicht einen kleinen
Schritt zu weit gegangen. Was freilich nichts an der
Tatsache ändert, daß wir ihm für ein vorzügliches Theaterstück zu danken haben.

25 *Die Zeit, 20. 11. 1964, S. 26. Ausschnitte. Jetzt in: Marcel Reich-*
Ranicki: Literarisches Leben in Deutschland. München 1965.

5. Walter Kiaulehn: [»Mit gebundenen Händen kann man kein Stück dichten«]

(1964)

30 Die Sonntagspremiere der Kammerspiele war ein großer
Publikumserfolg. Er entstand aus dem guten Glauben der
Theaterbesucher, daß ein faszinierendes Thema ganz
selbstverständlich auch ein faszinierendes Theaterstück
ergeben müsse. Seit zehn Jahren liebt es das Publikum
35 überdies, wenn sich die Szene zum Tribunal wandelt, die

28

›Meuterei auf der Caine‹ und ›Die zwölf Geschworenen‹
stehen stellvertretend für diese modische Liebe.
So etwas Ähnliches also glaubte das Publikum auch hier zu
erleben, und weil es ja ganz flott mit dem Kreuzverhör des
beklagten Oppenheimer beginnt, meint das Publikum, 5
wenn die Sache langatmig wird, das könne nicht am Stück
liegen, und so zwingt es sich, weiter bei der Sache zu sein.
Es kommt ja auch immer wieder zu interessanten Zwi-
schenfällen. Die fünfzehn Figuren sind alle von verschiede-
nem Umriß, und Kipphardt hat für sie aus den dreitausend 10
Seiten Rohmaterial das Kurzweiligste und Schlagendste
herausgesucht.
Dennoch wird es kein Theaterstück. [...]
Der Grund für sein Versagen liegt in der Natur der Sache.
Die Personen dieses Dramas leben nämlich fast alle noch. 15
Hätte Kipphardt also ein Theaterstück schreiben wollen,
wie es ihm ursprünglich vorgeschwebt haben mag, wäre er
um Straffung, Zusammenfassung und um die »dichterische
Wahrheit« nicht herumgekommen. Das Protokoll hätte
nichts weiter als sein Sprungbrett sein dürfen, von dem aus 20
er sich in seine Deutung des Themas hätte aufschwingen
müssen. Doch das erlaubt ihm die Rechtsprechung nicht.
Es braucht nur einer der Beteiligten zum Richter zu
gehen und abzustreiten, daß er dieses und jenes nicht
gesagt hätte oder wenigstens nicht so gesagt hätte, wie es 25
ihm der Autor in den Mund gelegt hat, schon beginnt sich
die Mühle zu drehn, und mit der dichterischen Freiheit ist
es ebenso zu Ende wie mit Oppenheimers »moralischer«
Freiheit. [...]
Mit gebundenen Händen kann man kein Stück dichten. 30
Kipphardt, der auf den Reiz des Dokumentarischen nicht
verzichten will, breitet seinen Auszug aus dem Protokoll
über drei Stunden hin aus, doch er verdichtet ihn nicht,
einfach weil er es nicht darf.

Walter Kiaulehn: In der Sache J. Robert Oppenheimer. Münchner 35
Merkur, 13. 10. 1964, S. 8. Ausschnitte.

III. Möglichkeiten und Grenzen des Dokumentartheaters

1. Heinar Kipphardt:
Warum wenden sich einige der heutigen
Bühnenschriftsteller von den herkömmlichen
Formen der Theaterstücke ab?

(1964)

Warum wenden sich einige der heutigen Bühnenschriftsteller von den herkömmlichen Formen der Theaterstücke
10 ab, die uns so lange Zeit glänzend unterhalten haben
und die es mit gewissen Einschränkungen noch heute
tun? Warum verschmähen sie insbesondere das Familien-
stück, das subtile Seelendrama und die erhebenden Wand-
lungen, die aus Gewissensentscheidungen hervorgehen,
15 wie sie der wunderbare Ibsen in seinen letzten Akten stets
bietet? Ist das Theater in seinem gegenwärtigen Zustand
nicht gerade darauf hervorragend eingerichtet? Warum
brauchen sie für ihre Begebenheiten in der Regel so viele
Schauspieler und so viele Schauplätze? Ist das Unfähig-
20 keit?
Es scheint, sie bringen die Stoffe, die sie auf dem Theater
behandeln wollen, nicht in die Familienstücke hinein, es
scheint, sie können die komplizierte Wirklichkeit, die sie
zeigen wollen, nicht in ein Seelendrama zwingen. Sie
25 finden es nicht zureichend, die Welt im seelischen Reflex
einiger Menschen abzubilden. Sie wollen nicht nur die
Gardine zeigen, die ins Zimmer weht, sondern auch den
Wind, der sie bewegt. Nicht nur die Wirkung, sondern
auch die Ursache. Das Wie und das Warum. Die Armut
30 kommt nicht von der Povertät, die Trauer nicht von der
Traurigkeit, der Krieg nicht von kriegerischen Trieben.
Geld kann sehr sinnlich machen, ein Krieg, der verloren-
geht, kann die Entscheidungen der Militärs zunehmend
sittlicher machen. Selbst KZ-Kommandanten bekommen

da hamletische Züge. Übrigens vollkommen real, nicht heuchlerisch. Zureichende Beschreibungen der Wirklichkeit können auch auf dem Theater nicht durch die bloße Abbildung der psychischen Reaktion auf die Wirklichkeit geliefert werden. 5

Die Methode des psychischen Theaters, die darauf verzichtet, die wirklich bewegenden Kräfte der großen Welt darzustellen, legt vielmehr die Annahme nahe, daß der Gang der Welt von psychischen Haltungen ursächlich bestimmt sei. Die moderne Wissenschaft von der Natur 10 und der Gesellschaft weiß das anders. Aber es wird nicht bestritten, daß das psychologische Theater bedeutende Beiträge zur Kenntnis der menschlichen Seele geliefert hat. Nur ist der Ausschnitt zu klein. Der Wassertropfen, Welt abbildend, liefert nicht nur unzureichende, sondern eben 15 verzerrte Bilder. Die auf dem Theater auf diese Weise erzählten Geschichten, große Kunst der Erzählung durchaus vorausgesetzt – sind unwahr durch ihre Beschränktheit.

Wie immer, die Kunst des Theaters muß sich in den Stand 20 setzen, die Tatsachen unserer Welt in die Geschichten aufzunehmen, die sie erzählt, und die Genüsse, die das Theater bereitet, dürfen dadurch nicht kleiner werden.

Zitiert nach: Spectaculum VII. Suhrkamp Verlag, Frankfurt a. M. 1964, S. 363. 25

2. Urs Jenny:
Der Sündenfall der Naturwissenschaften

(1964)
Haben jene Physiker, die ihr Wissen den Politikern auslieferten und damit den Bau der Atombombe ermöglich- 30 ten, ein Verbrechen begangen? Die Frage ist von Dramatikern oft gestellt und letztlich immer bejaht worden. Brecht hat unter dem Eindruck von Hiroshima den Schluß des ›Galilei‹ verändert, um zu zeigen, daß die Atombombe »das klassische Endprodukt seiner wissenschaftlichen Lei- 35

31

stung und seines sozialen Versagens« sei. Die jüngste Auseinandersetzung eines deutschen Dramatikers mit diesem Problem drängt die Erinnerung an Brecht auf, denn ihm verdankt Kipphardt in Argumentation, Dramaturgie
5 und Sprache Entscheidendes. Von der Virtuosität, mit der Dürrenmatt die Frage nach der Verantwortung des Wissenschaftlers aufwirft, um sich im letzten Augenblick mit einer Pointe oder einem Knalleffekt aus der Affäre zu ziehen, ist hier nichts zu spüren. Kipphardt meint es ernst,
10 und er bekommt das Problem durch eine simple, dialektische Umkehrung wirklich in den Griff. Er zeigt einen Prozeß, der die Frage untersucht: Verhält sich ein Physiker unkorrekt und verantwortungslos, wenn er sich dagegen sträubt, neue, noch schrecklichere Vernichtungswaffen zu
15 bauen?
Kipphardt hat weder diese grotesk klingende Frage erfunden noch den Fall, der sie demonstriert. Seine szenische Dokumentation rollt das Schicksal von McCarthys prominentestem Opfer auf, von J. Robert Oppenheimer. Die
20 Untersuchung des Komitees gegen antiamerikanische Umtriebe, die im Frühjahr 1954 in Washington hinter verschlossenen Türen stattfand, rekonstruiert er als Schauprozeß für die Millionen Fernsehzuschauer; treu den Akten folgend, gibt er »ein objektives Bild, das die
25 Wahrheit nicht beschädigt«. Dennoch ist es keine unparteiische Darstellung (Edward Teller zum Beispiel, der robuste Pragmatiker, schneidet sehr schlecht ab), sondern ein Plädoyer für Robert Oppenheimer. Die Authentizität des Falles rechtfertigt es. Denn wer möchte, wenn es nicht
30 wahr wäre, glauben, daß die USA einen ihrer größten Wissenschaftler kaltgestellt haben, weil er sich als Staatsbeamter den Luxus eines eigenen Gewissens leistete?
Kipphardt ist es gelungen, die komplexe und spröde Materie zu einem spannenden, ungemein intelligenten
35 Dialog zu verarbeiten. Gelegentlich liefert er die aufheiternden Intermezzi, die die Spannungsgesetze auch von einem Spiel dieser Art fordern, mit fast beängstigendem Kalkül; aber anders wäre es wohl nicht möglich gewesen, seinen ›Helden‹ mit einer Reihe prägnanter und schauspie-

lerisch dankbarer Rollen zu umgeben. Daß er kein fiktives
Modell konstruiert, sondern einen historischen Fall auf-
greift, scheint anfangs ein Handicap zu sein, denn der
ganze erste Akt kreist um Oppenheimers weit zurücklie-
gende kommunistische Sympathien; doch diese Exposition   5
macht die politische Stimmung sichtbar, die allein diesen
Prozeß halbwegs erklären kann. Indem er Widersprüche
und scheinbare Nebensächlichkeiten nicht unterschlägt,
gelingt es Kipphardt zu zeigen, daß der Konflikt zwischen
ethischer Verantwortung und politisch opportunem Han-   10
deln nicht am Schreibtisch gestellt und gelöst werden kann,
sondern ein Dilemma ist, in dem ein Wissenschaftler
unserer Zeit leben muß.

Süddeutsche Zeitung, 25./26. 1. 1964, S. 10.

3. Rémy Charbon: Zum Problem des   15
dokumentarischen Theaters

(1974)
[...] In der Wiederentdeckung des Theaters als politischer
Bildungsanstalt, als Medium der Aufklärung und auch der
Agitation besteht die wesentliche Leistung der Dokumen-   20
tardramatik.
Ein derartiges Unternehmen forderte die Ablösung einer –
durch die unendlich verfeinerte Einsicht in die innere und
äußere Bedingtheit menschlichen Handelns ohnehin fragwürdig gewordenen – psychologischen Charakterzeichnung   25
und des naturalistischen Ideals möglichst photographischer
Abschilderung unkommentierter oder doch nur in einer
sehr komplizierten, versteckten Weise kommentierter
Wirklichkeitsausschnitte, durch umfassende Kenntnisse
über kollektive Mechanismen, ihre historischen Vorausset-   30
zungen und ihre Funktion als bewußte oder unbewußte
Triebfeder individuellen Handelns. [...]
Zwei Erscheinungsformen des dokumentarischen Dramas
sind zu unterscheiden: der dokumentarische Bericht
(›Stellvertreter‹, ›Viet Nam Diskurs‹) und das dokumenta-   35

33

rische Prozeßtheater (›In der Sache J. Robert Oppenheimer‹, ›Die Ermittlung‹). Letzteres kann in gewissem Sinne als Zielform des dokumentarischen Theaters schlechthin bezeichnet werden: ohne künstliche Hilfsmittel (Zwischen-
5 texte, dokumentarische Anhänge) und schwer durchschaubare Psychogramme wird Vergangenes vergegenwärtigt, Geschehen in Sprache aufgelöst. Dem Zuschauer als oberstem Richter werden Beweisstücke vorgelegt, nicht Thesen proklamiert; er wird aufgefordert, die Vorgänge
10 auf der Bühne kritisch zu verfolgen und sich ein Urteil zu bilden. Seine Spannung ist auf den Gang und auf den Ausgang gerichtet: Episches und dramatisches Interesse bedingen sich gegenseitig. Die Lehren, die er zu ziehen hat, ergeben sich entweder aus der Konfrontation seiner
15 eigenen Welt mit den »Lemuren der Vergangenheit« (›Die Ermittlung‹) oder aber aus der Differenz des tätsächlich vorgeführten Urteils zu den Schlüssen, die das Geschehen nahelegt (›Oppenheimer‹).
Diese Feststellung muß freilich sogleich wieder einge-
20 schränkt werden. Die Entscheidungsfreiheit des Zuschauers, seine intellektuelle Unabhängigkeit besteht nur auf der durch die Komposition vorgegebenen Ebene. Die Notwendigkeit, aus dem oft immensen Material eine Auswahl zu treffen, der Wille, »aus den Fragmenten der Wirklichkeit
25 ein verwendbares Muster, ein Modell der aktuellen Vorgänge zusammenzustellen«[6], »den ›Kern und Sinn‹ einer historischen Begebenheit aus den ›umherspielenden Zufälligkeiten und gleichgültigem Beiwerke des Geschehens‹ freizulegen«[7], erfordert die formende Hand und damit die
30 Parteilichkeit des Autors; der Zuschauer hat lediglich die Freiheit, den Kausalzusammenhang zwischen Prämissen und Schlußfolgerungen des Autors zu akzeptieren oder abzulehnen – ihn anhand des gesamten in Betracht kommenden Quellenmaterials auf seine Beweiskraft zu prüfen,
35 wird ihm nur in seltenen Fällen möglich sein. Das Doku-

(6) Peter Weiss: Das Material und die Modelle. Notizen zum dokumentarischen Theater. In ders.: Dramen, 2. Bde. Frankfurt a. M. 1968, S. 468.
(7) Heinar Kipphardt: Nachbemerkung zu ›In der Sache J. Robert Oppenheimer‹ (Bühnenfassung). Frankfurt a. M. 1970, S. 142.

ment ist zwar Ausgangspunkt der Beweisführung, aber es dient doch in erster Linie der Bestätigung einer vorgängig formulierten These, welche die Auswahl bestimmt. Es spiegelt das Interessse des Autors und seine Sicht der Wirklichkeit, d. h., es wird funktionalisiert. [...] 5
Die Rechtfertigung des Dokumentartheaters darf nicht in seinem unmittelbaren Realitätsgehalt gesucht werden. Was es zu leisten vermag, ist in erster Linie ein Beitrag zum Selbstverständnis der Gesellschaft, indem es vergessene oder verdrängte Tatbestände ins Bewußtsein ruft und der 10 Diskussion ausliefert, Vergangenes im Wortsinn vergegenwärtigt. Nichts anderes war aber auch die Absicht der israelischen Regierung, als sie 1961 den Eichmann-Prozeß durchführte: Konfrontation mit einer verdrängten Vergangenheit, Wieder-Holung vergangener Unmenschlichkei- 15 ten, präzise inszeniert, um kommende zu verhindern.[8] Die Grenzen zwischen Realität und Theater verfließen in solchen Aktionen: Das Russell-Sartre-Tribunal über Vietnam war als Schau-Prozeß im eigentlichen Sinne gemeint, der nach Belieben der politischen Jurisdiktion oder der 20 theatralischen Demonstration zuzurechnen ist. Das Dokumentartheater versteht sich als Medium der Information, als Gebrauchsliteratur, die nicht nach ewiger Gültigkeit zu schielen hat. [...]

Rémy Charbon: Die Naturwissenschaften im modernen deutschen 25
Drama. Artemis Verlag, Zürich und München 1974, S. 201–204.
Ausschnitte.

---

(8) Hinweis von Zipes: Documentary Drama in Germany.

4. Rémy Charbon:
[Technische Mittel der Darstellung]

(1974)
Die technischen Mittel, deren sich Kipphardt bedient, sind
5 (von aus rein dramaturgischen Erwägungen notwendigen
Eingriffen abgesehen) Verdichtung, Montage und Profilierung.

1. Verdichtung

Zusammenfassend läßt sie sich als quantitative Verein-
10 fachung bei inhaltlicher Verdeutlichung beschreiben. An-
stelle der vierzig Zeugen des Sicherheitsverfahrens treten
in Kipphardts Drama sechs auf, zwei Sicherheitsbeamte
und vier Wissenschaftler, von denen einer der Air Force
angehört, die übrigen wichtige Funktionen als Regierungs-
15 berater einnehmen, so daß sie in ihrer Gesamtheit einen
Querschnitt durch das militärische und politische Establish-
ment der Vereinigten Staaten bilden. Im Interesse einer
ausgewogenen Komposition hat Kipphardt dabei die
Gewichte verschoben: Während im Hearing die große
20 Mehrheit der Zeugen Oppenheimers Haltung billigte,
sprechen im Drama je drei Zeugen für und gegen die
Anschuldigungen der Atomenergiekommission.
Wiederholungen, Vernehmungen über Detailfragen, Beziehungen zu Dritten, sekundäre wissenschaftliche und
25 politische Probleme, Diskussionen über Verfahrensfragen,
soweit sie nur von partikularem Interesse sind, fallen weg;
das Stück beschränkt sich in der Hauptsache auf vier
Themenkreise, die vom Sachlichen wie vom Persönlichen
her die grundsätzlichen Fragen aufrollen: Oppenheimers
30 Beziehungen zum Kommunismus / Sinn und Unsinn von
Sicherheitsbestimmungen / das H-Bomben-Projekt / Oppenheimers Eintreten für eine aktive und abgestufte Verteidi-
gung. Die quantitative Verdichtung ist zugleich qualitative,
indem die Zeitgeschichte als historisch und gesellschaftlich
35 bedingt, nicht nur als subjektiv erlebt dargestellt wird.

2. Montage

Das derart gesichtete Material wird nach dramaturgischen Gesichtspunkten angeordnet, d. h. in jeweils mehr oder weniger abgeschlossene, von einem Sprecher pointiert eingeleitete und beschlossene Bilder gegliedert. Im ersten 5 und letzten Bild umreißt Kipphardt die Persönlichkeit Oppenheimers, im 6. und 7. stehen sich die Zeugen paarweise als Kontrastfiguren gegenüber. Jedem Zeugenpaar weist Kipphardt einen der oben erwähnten Problemkreise zu; da es ihm weniger darauf ankommt, die Aussage 10 des jeweiligen Zeugen als solche verkürzt wiederzugeben, als grundsätzliche Positionen, extrahiert aus allen auf eine bestimmte Frage bezogenen, vielfach sich überschneidenden und oft Hunderte von Seiten auseinanderliegenden Aussagen, in direkter Konfrontation funktionell richtig 15 einzusetzen, bezieht er wesentliche Beiträge der nicht auftretenden Zeugen mit ein: Teller spricht auch für Luis Alvarez, Lansdale für John J. McCloy, Rabi für Vannevar Bush und Lee DuBridge. Dies hat

3. [Profilierung] 20

zur Folge, daß die originalen Charaktere nach Maßgabe ihrer Funktion und im Interesse größtmöglicher Einheitlichkeit, Überschaubarkeit und Aussagekraft des Ganzen mehr oder weniger scharf *profiliert* werden. Die Forderung nach einem »verwendbaren Muster der aktuellen Vor- 25 gänge« (Weiss) verlangt »Funktionsträger«, nicht »Persönlichkeiten«, oder besser: Aus der Funktion muß eine neue Persönlichkeit modelliert werden. Diese Funktionalisierung hinterläßt an den Vertretern des politischen Establishments deutlichere Spuren als an den Wissenschaftlern. 30 Teller, Bethe und Rabi entsprechen einigermaßen ihren historischen Vorbildern, während Pash und Griggs als Karikaturen ihrer selbst erscheinen, Lansdale als Antagonist Pashs umgekehrt eine Aufwertung erfährt. [. . .]

Rémy Charbon: Die Naturwissenschaften im modernen deutschen 35 *Drama, s. o., S. 205–207. Ausschnitt.*

5. Ernst Schumacher:
[Die fehlende »Perspektive nach vorn«]

[...] Hier, in diesem ›tendenziösen‹ Schlußwort, wird ein
Mangel offenkundig, der den »szenischen Bericht« Kipphardts sowohl von ›Leben des Galilei‹ wie von dem
konzipierten ›Leben des Einstein‹[9] unterscheidet: Während in diesen die progressiven Kräfte der Gesellschaft,
dort in Gestalt des Bürgertums, hier in Gestalt der
organisierten Arbeiterschaft, sichtbar gemacht werden
beziehungsweise gemacht werden sollten, finden diese
Kräfte in Kipphardts Stück keine Veranschaulichung; sie
bleiben außerhalb des Horizontes, der vom Zuschauer
abgeschritten werden kann. Das verleiht der Nachgestal-
tung des ›geschichtsdramatischen‹ Vorganges etwas Fatali-
stisches und Unbefriedigendes. Hier wird eine Grenze der
›reinen Dokumentation‹ auf dem Theater spürbar: Sie
macht es schwierig, die ›Perspektive nach vorn‹ zu materi-
alisieren, wenn sie nicht im ›geschichtsdramatischen‹ Vor-
wurf selbst Gestalt gefunden hat. Man könnte einwenden,
Kipphardt verließ ja gerade im Schlußwort Oppenheimers
die ›Dokumentation‹, er hätte diese mögliche positive
Perspektive durch Oppenheimer aufzeigen lassen können.
Aber dem stand, wenn nicht des Autors eigener Pessimis-
mus oder die Absicht, durch ›Schrecken‹ zu erschrecken,
die Tatsache entgegen, daß in allen Äußerungen Oppenheimers, die nach dem Verfahren bekannt wurden, ein
solcher Hinweis fehlt. Kipphardt konnte sich rechtfertigen,
die sich in Negativitäten erschöpfende Kritik, die sein
Oppenheimer an seinem Verhalten und dem seiner Kollegen übt, lasse sich als Substrat vieler Äußerungen Oppenheimers nach seinem ›Fall‹ herausarbeiten, nicht aber eine

---

(9)* Nach Einsteins Tod plante Brecht eine Dramatisierung seines Lebens.
Die vorhandenen Entwürfe befinden sich im Bertolt-Brecht-Archiv. Vgl.
dazu Schumacher, S. 324: »Brecht dachte bei Leben des Einstein an eine
Art Chorwerk im Stil der ›Maßnahme‹, in dem Chöre von Arbeitern gleich
den Chören in der antiken Tragödie vor den Folgen der ›reinen Wissenschaft‹, ihrer Isolierung von den progressiven Kräften in der Gesellschaft
warnen und ein Gericht über die Wissenschaft vollziehen sollten.«

Bezugnahme, wie sie die genannten beiden Werke Brechts
mittelbar und unmittelbar intendieren. Die besondere
›Vorformung‹ des Geschichts-Stoffes und die Verlautbar-
ungen der welthistorischen Persönlichkeit gaben gerade
den ›Blick nach vorne‹, den Blick auf die Kräfte nicht frei, 5
die, wenn überhaupt jemand, imstande sind, die Funktion
eines realen ›Befreiers der Wissenschaft‹ auszuüben, in
Zusammenarbeit, zum Teil unter Führung der ›menschen-
freundlichen‹ Wissenschaftler selber; sogar die ›aufge-
setzte‹ Tendenzierung ermöglichte nicht diese so wichtige 10
Ausweitung des Blickfeldes der Zuschauer, ohne sowohl
den Typus des Stückes wie die den Sachen und Personen
immanente Wahrheit und Wahrscheinlichkeit auf zu starke
Weise zu verletzen. [...]

Ernst Schumacher: Drama und Geschichte. Bertolt Brechts ›Leben 15
des Galilei‹ und andere Stücke. Henschelverlag, Berlin (DDR)
1965, S. 344 f. Ausschnitt.

6. Arnold Blumer:
[»Beeinflussung der Wirklichkeit« durch das
Dokumentartheater?]   20

(1977)
[...] Mit Vorbehalten gehört auch ›In der Sache J. Robert
Oppenheimer‹ zum dokumentarischen Theater, weil es
zumindest versucht, einen dokumentarisch belegbaren Fall
mit künstlerischen Mitteln so zu hinterfragen, daß dem   25
Zuschauer die Problematik des Wissenschaftlers in unserer
Gesellschaft bewußt wird. Doch leider bleibt es bei dem
Versuch, denn der Prozeß der Bewußtwerdung, der gleichzeitig auch ein Prozeß der Bewußtseinsveränderung und
somit eine Beeinflussung der Wirklichkeit hätte sein kön-   30
nen, wird dadurch behindert, daß Kipphardt die gesellschaftlichen Zusammenhänge, in die die Problematik des
Wissenschaftlers eingebettet ist, nur ganz am Rande sichtbar macht. Taëni urteilt recht milde, wenn er sagt: »Die
hier im Brechtschen Sinne angewandten Verfremdungsmit-   35

tel bewirken zwar, daß sich der Zuschauer direkt angespro-
chen fühlt, fordern jedoch selbst darin vorwiegend zu einer
Erkenntnis (nicht also zur Bewältigung) gewisser Zusammenhänge heraus – wenn auch diese noch immer als
5 gesellschaftlich bedingt und daher als im Prinzip (wenn
auch kaum tatsächlich) veränderbar empfunden werden.«[10]
Daß eben diese Zusammenhänge gesellschaftlich bedingt
sind, wird nicht klar genug herausgearbeitet, ganz abgesehen davon, daß Kipphardt in dem Stück eindeutig zu
10 verstehen gibt, daß die gesellschaftlichen Bedingungen
weder im Prinzip noch tatsächlich veränderbar sind. Schon
Urs Jenny[11] hat darauf hingewiesen, daß es Aufgabe der
Regisseure sei, diese gesellschaftlichen Zusammenhänge in
der jeweiligen Inszenierung deutlicher herauszuarbeiten,
15 als das im Text geschehen ist. Gelingt das, dann würden
sich die obigen Einwände erübrigen. Der von Kipphardt
verfaßte Text als solcher jedoch kann lediglich als Vorlage
zu einem dokumentarischen Theaterstück gesehen werden.
[. . .]

20 *Arnold Blumer: Das dokumentarische Theater der sechziger Jahre
in der Bundesrepublik Deutschland. Verlag Anton Hain, Meisen-
heim 1977, S. 247f. Ausschnitt.*

(10) R. Taëni: Drama nach Brecht. Basel 1968, S. 173f.
(11)* U. Jenny: In der Sache Oppenheimer. Uraufführung von Heinar
Kipphardts Stück in Berlin und München. In: Theater heute, Heft 11, 1965,
S. 22–25; Jenny wies darauf hin, daß ein Regisseur, »zum Beispiel mit Hilfe
von Projektionen, einen eindringlichen Zeit-Hintergrund schaffen« müßte,
»dann erst würde das Exemplarische des Falles Oppenheimer sichtbar. Es
war nicht möglich ohne eine Fülle von allgemeinen Ressentiments –
Antiintellektualismus, Antibolschewismus, Antisemitismus –, nicht möglich
ohne die starken nationalistischen oder isolationistischen Tendenzen jener
Zeit, kurz: nicht möglich ohne jeden latenten Faschismus, der in den letzten
Monaten neu und gefährlich am Aufblühen ist.«

Zeittafel zum Fall Oppenheimer

1904 J. Robert Oppenheimer wird am 22. 4. in New York als Sohn eines deutschen Einwanderers geboren.

1911 Ernest Rutherford entdeckt den Atomkern.

1925 Oppenheimer schließt sein Physikstudium an der Harvard University ab.

1927 Nach weiteren Studien in Cambridge und Göttingen Promotion bei Max Born in Göttingen.

1928 Nach Studienaufenthalten in Leyden und Zürich Rückkehr in die USA.

1929 Assistent-Professor an der University of California (Berkeley) und am Institute of Technology (Pasadena); dort 12jährige Lehr- und Forschungstätigkeit.

1932 James Chadwick entdeckt das Neutron.

1934 Enrico Fermi beschießt Urankerne mit Neutronen, erkennt aber nicht die dadurch verursachte Kernspaltung, er vermutet die Entstehung eines neuen Elements.

1938 Spaltung des Urankerns durch die Chemiker Otto Hahn und Fritz Straßmann; physikalisch richtige Deutung des Experiments durch Lise Meitner, der nach Schweden emigrierten ehemaligen Mitarbeiterin Hahns.

1939 Im Januar: Veröffentlichung des Hahn-Straßmann-Experiments. Leo Szilard befürchtet aufgrund eigener Experimente, man könne mit dieser neuen Entdeckung Bomben bauen; er bemüht sich in den folgenden Monaten, andere Kernphysiker zu einem freiwilligen Veröffentlichungsverzicht zu bewegen.

Unter dem Eindruck des Kriegsausbruches jedoch richtet Szilard im Oktober einen im Einvernehmen mit anderen Kollegen entworfenen und von Einstein unterzeichneten Brief an Präsident Roosevelt mit der Empfehlung, Uran-Projekte voranzutreiben, um gegen eine deutsche Atomwaffe gerüstet zu sein.

1941 Start des amerikanischen Atomwaffenprogramms.

1942 Staatlicher Auftrag an Oppenheimer, die wissenschaftlichen Entwicklungsarbeiten zu koordinieren.

Ab August läuft das ›Manhattan Project‹ in den neugegründeten Laboratorien in Los Alamos unter strenger militärischer Geheimhaltung.

Im Dezember: Fermi gelingt in Chicago die erste sich selbst erhaltende nukleare Kettenreaktion.

| 1943 | Oppenheimer wird zum Direktor von Los Alamos ernannt. |
| 1945 | Szilard richtet im Frühjahr, wieder mit einem von Einstein unterzeichneten Begleitbrief, ein Memorandum an Roosevelt, in dem er sich gegen die Verwendung der Atombombe einsetzt, da Deutschland nicht über atomare Waffen verfüge. Roosevelt stirbt, bevor ihn diese Schreiben erreichen (12. 4. 1945). |

11. Juni: ›Franck-Report‹, ein Bericht an den Kriegsminister, in dem sieben Wissenschaftler aus Chicago zum Verzicht auf den Einsatz der A-Bombe raten.

16. Juli: Testexplosion der ersten A-Bombe in der Wüste von Alamogordo.

6. August: Abwurf der A-Bombe auf Hiroshima.

9. August: Abwurf der A-Bombe auf Nagasaki.

Oktober: Oppenheimer tritt als Direktor der Laboratorien in Los Alamos zurück.

1949	Testexplosion der ersten russischen A-Bombe.
1952	Testexplosion der unter Leitung von Edward Teller gebauten Wasserstoffbombe.
1953	8. August: Bekanntgabe der Existenz der russischen H-Bombe.

November: Edgar Hoover (FBI) reicht belastendes Material über Oppenheimer an Präsident Eisenhower, worauf dieser verfügt, Oppenheimer nicht mehr über Geheimsachen zu informieren.

21./22. Dezember: Von Lewis Strauss, dem Chef der Atomenergiekommission, vor die Alternative gestellt, sofort als Regierungsberater zurückzutreten oder ein Sicherheitsverfahren auf sich zu nehmen, entscheidet sich Oppenheimer für das Sicherheitsverfahren.

23. Dezember: Die Atomenergiekommission (AEC) stellt Oppenheimer einen Brief mit 24 Anklagepunkten zu.

| 1954 | 4. März: Oppenheimer schreibt eine Erwiderung auf die Anklagen der AEC. |

12. April: Beginn des Hearings vor der AEC.

14. Mai: Das Verfahren endet mit dem Entzug der Sicherheitsgarantie.

| 1963 | ›Rehabilitierung‹ Oppenheimers; Präsident Johnson verleiht ihm den ›Enrico-Fermi-Preis‹. |
| 1967 | Oppenheimer stirbt am 19. 2. in Princeton (New Jersey). |

Zusammenstellung unter Verwendung des Programmheftes zur Uraufführung an der Freien Volksbühne in Berlin, 1964.

Zeittafel zu Leben und Werk
Heinar Kipphardts

1922	8. März: in Heidersdorf (Niederschlesien) als Sohn eines Zahnarztes geboren.
1933–1938	Inhaftierung des Vaters im KZ-Buchenwald.
1940	Beginn des Medizin-Studiums. Daneben Studium der Philosophie und Theaterwissenschaft.
1945–1949	Teilnahme am Rückzug aus Rußland. Wiederaufnahme des Medizinstudiums, Promotion in Düsseldorf, Facharztausbildung in Psychiatrie.
1949	Übersiedlung von Düsseldorf nach Ost-Berlin, Tätigkeit an der Universitätsnervenklinik der Charité.
1950–1959	Dramaturg am Deutschen Theater in Berlin, zuletzt Chefdramaturg.
1953	›Shakespeare dringend gesucht‹. Nationalpreis der DDR.
1956	›Der Aufstieg des Alois Piontek‹.
1958	›Die Stühle des Herrn Szmil‹.
1960	›Der Hund des Generals‹. Übersiedlung nach München.
1962	Schiller-Gedächtnis-Preis.
1962–1964	Entstehung des ›Oppenheimer‹.
1964	23. 1.: Fernsehfilm ›In der Sache J. Robert Oppenheimer‹.
1964	Fernsehpreis der Deutschen Akademie der darstellenden Künste; Gerhart-Hauptmann-Preis.
1964	11. 10.: Uraufführungen des ›Oppenheimer‹ an den Münchner Kammerspielen (Regie: P. Verhoeven) und an der Freien Volksbühne Berlin (Regie: E. Piscator). Erste Veröffentlichung des Textes der Uraufführung in Spectaculum VII und in Theater heute, Heft 11.
1964	Dezember: Uraufführung einer veränderten Fassung durch Jean Vilar in Paris. Kontroverse zwischen Kipphardt und Vilar.
1965	12. 5.: Aufführung durch das Berliner Ensemble in Ost-Berlin.
1965	›Joel Brand. Die Geschichte eines Geschäfts‹. Adolf-Grimme-Preis.
1966	›Die Ganovenfresse. Zwei Erzählungen‹.

1968	›Die Soldaten. Nach Jakob Michael Reinhold Lenz‹.
1969/71	Chefdramaturg der Münchner Kammerspiele.
1976	›Leben des schizophrenen Dichters Alexander März‹, Fernsehfilm; ›März‹. Roman.
1977	›Der Mann des Tages und andere Erzählungen‹. ›Angelsbrucker Notizen‹. Gedichte. Veränderte Fassung des Oppenheimer-Stücks für die Aufführung am Deutschen Schauspielhaus Hamburg.

Literaturhinweise

zum Dokumentartheater

Rolf-Peter Carl: Dokumentarisches Theater. In: Manfred Durzak (Hrsg.): Die deutsche Literatur der Gegenwart. Aspekte und Tendenzen. Stuttgart 1971, S. 102–131.

Dokumentarliteratur. Hrsg. von Heinz Ludwig Arnold und Stephan Reinhardt. München 1973.

Dokumentartheater – und die Folgen (Beiträge von H. Karasek, J. Kaiser, U. Jenny und E. Wendt). In: Akzente 13, 1966, S. 208–229.

Peter Weiss: Das Material und die Modelle. Notizen zum dokumentarischen Theater. In: Theater heute 8, 1968, Heft 3, S. 33–34. Wiederabgedruckt in: Manfred Brauneck (Hrsg.): Das deutsche Drama vom Expressionismus bis zur Gegenwart. ³1977, S. 271–276.

Jack D. Zipes: Das dokumentarische Drama. In: Thomas Koebner (Hrsg.): Tendenzen der deutschen Literatur seit 1945. Stuttgart 1971, S. 462–479.

zu Kipphardts ›Oppenheimer‹

Klaus Harro Hilzinger: Die Dramaturgie des dokumentarischen Theaters. Tübingen 1976, S. 20f. und S. 70f.

Ferdinand van Ingen: In der Sache J. Robert Oppenheimer (= Grundlagen und Gedanken zum Verständnis des Dramas). Frankfurt a. M. 1978.

Urs Jenny: In der Sache J. Robert Oppenheimer. In: Theater heute 5, 1964, Heft 11, S. 22–25.

Rainer Taëni: In der Sache J. Robert Oppenheimer. In: M. Brauneck (Hrsg.): Das deutsche Drama, s. o., S. 289–295.

Manfred Wekwerth: ›In der Sache J. Robert Oppenheimer‹. In ders.: Notate. Über die Arbeit des Berliner Ensembles 1956–1966. Frankfurt a. M. 1967, S. 144–167.

zum Fall Oppenheimer

Jost Herbig: Kettenreaktion. Das Drama der Atomphysiker. München 1976.

Robert Jungk: Heller als tausend Sonnen. Das Schicksal der Atomforscher. Bern und Stuttgart 1963.

J. Robert Oppenheimer: Drei Krisen der Physiker. Texte und Dokumente, Analysen. Olten 1966.

ders.: Atomkraft und menschliche Freiheit. Hamburg 1957.

R. W. Reid: Wissenschaft und Gewissen. Forscher im Dienste der Rüstung. München 1972.

Editionen für den Literaturunterricht

Herausgeber: Dietrich Steinbach

Werkausgaben mit Materialienanhang

**Wolf Biermann und die Tradition —
Von der Bibel bis Ernst Bloch**
Klettbuch 35121

Bertolt Brecht: Geschichten
(Geschichten — Berichtigungen
alter Mythen · Kalenderge-
schichten · Geschichten vom
Herrn Keuner · Die Wendungen
Me-tis)
Klettbuch 3511

Georg Büchner: Dantons Tod:
Klettbuch 3512

**Georg Büchner: Lenz und
Oberlins Aufzeichnungen**
Klettbuch 3527

**Raymond Chandler:
Zielscheibe · Heißer Wind**
Klettbuch 3517

**Alfred Döblin — Stationen
seines Lebens und Denkens**
Klettbuch 35131

**Ingeborg Drewitz:
Gestern war Heute —
Hundert Jahre Gegenwart**
Klettbuch 3537

**Annette von Droste-Hülshoff:
Die Judenbuche**
Klettbuch 3518

**Joseph von Eichendorff: Aus dem
Leben eines Taugenichts**
Klettbuch 3538

**Theodor Fontane:
Frau Jenny Treibel**
Klettbuch 35112

**Theodor Fontane:
Die Poggenpuhls**
Klettbuch 35122

**Johann Wolfgang von Goethe:
Faust · Der Tragödie erster Teil**
Klettbuch 35123

**Johann Wolfgang von Goethe:
Faust · Der Tragödie zweiter Teil**
Klettbuch 35124

**Johann Wolfgang von Goethe:
Geschichte Gottfriedens von
Berlichingen mit der eisernen
Hand dramatisirt**
Klettbuch 35125

**Johann Wolfgang von Goethe:
Iphigenie auf Tauris**
Klettbuch 3528

**Johann Wolfgang von Goethe:
Die Leiden des jungen Werther**
Klettbuch 3519

**Johann Wolfgang von Goethe:
Torquato Tasso**
Klettbuch 35113

**Friedrich Hebbel:
Maria Magdalene**
Klettbuch 3539

**Heinrich Heine als politischer
Schrifsteller** (Die Nordsee ·
Über den Denunzianten · Aus:
Deutschland — Ein Wintermär-
chen · Zeitgedichte im „Vor-
wärts!")
Klettbuch 3513

**E. T. A. Hoffmann —
Ein universaler Künstler**
Klettbuch 3529

**Hugo von Hofmannsthal:
Ein Brief · Reitergeschichte**
Klettbuch 35126

**Ödön von Horváth:
Kasimir und Karoline**
Klettbuch 3531

**Ödön von Horváth:
Italienische Nacht**
Klettbuch 3514

Editionen für den Literaturunterricht

Herausgeber: Dietrich Steinbach

Materialien zu Werken

Wolfgang Borchert:
Draußen vor der Tür
Klettbuch 3558

Bertolt Brecht:
Die Gewehre der Frau Carrar
Klettbuch 3566

Alfred Döblin:
Berlin Alexanderplatz
Klettbuch 3559

Friedrich Dürrenmatt:
Die Physiker
Klettbuch 3561

Friedrich Dürrenmatt:
Romulus der Große
Klettbuch 3562

Max Frisch: Andorra
Klettbuch 3551

**Max Frisch: Biedermann
und die Brandstifter**
Klettbuch 3552

Günter Grass: **Die Blech-
trommel · Katz und Maus**
Klettbuch 3567

Peter Handke: Kaspar
Klettbuch 3553

Hermann Hesse:
Peter Camenzind
Klettbuch 3563

Hermann Hesse: **Der Steppenwolf**
Klettbuch 3564

Hermann Hesse: **Unterm Rad**
Klettbuch 3557

Heinar Kipphardt: **In der
Sache J. Robert Oppenheimer**
Klettbuch 3572

Heinrich Mann: **Professor Unrat**
Klettbuch 3568

Heinrich Mann: **Der Untertan**
Klettbuch 3554

Thomas Mann: **Buddenbrooks.
Verfall einer Familie**
Klettbuch 3573

Thomas Mann:
Der Tod in Venedig
Klettbuch 3571

Robert Musil: **Die Verwirrungen
des Zöglings Törleß**
Klettbuch 3555

Ulrich Plenzdorf: **Die
neuen Leiden des jungen W.**
Klettbuch 3565

Friedrich Schiller: **Wallenstein**
Klettbuch 3556

Anna Seghers: **Das siebte Kreuz**
Klettbuch 3569

Carl Sternheim: **Aus dem
bürgerlichen Heldenleben:
Die Hose · Der Snob · 1913 ·
Die Kassette · Bürger Schippel**
Klettbuch 3574

Christa Wolf:
Der geteilte Himmel
Klettbuch 3575

Die Reihe wird fortgesetzt   **Ernst Klett Stuttgart**